« Pourquoi faut-il dormir la nuit ? »
C'est le genre de questions que les enfants posent tout le temps aux adultes,
et auxquelles les adultes ont bien du mal à répondre.
Il y a tant de choses étranges dans le monde !
Des règles de société, et des règles naturelles.
En tant qu'adulte, j'essaie de garder vivantes en moi ces questions essentielles.

Kazuo Iwamura

Traduction française
de Patrick Honnoré

Édition originale :
YORUNO TOMODACHI
Shiko-Sha (Tokyo)

Imprimé en Belgique

D/2011/3712/29
ISBN 978-2-87142-737-7

Kazuo Iwamura

Quand dormez-vous ?

Mijade

— Debout ! Le soleil est levé !
Nic, Nac et Noc aimeraient bien rester encore un peu au lit.
Maman écureuil doit donner de la voix
pour réveiller les gros dormeurs !
— Mais maman, j'ai encore sommeil… dit Nic.
— Pourquoi faut-il se lever le matin ? demande Nac.
— Dormir la nuit et se lever de bonne heure,
c'est la meilleure façon d'être toujours en pleine forme !
dit maman.

Il fait très beau, le soleil brille.
— Profitez du bon air pour jouer dehors!
— Oui, maman! disent les petits écureuils.

— Eh, les chouettes, vous dormez encore?
Pourtant, c'est le jour! dit Nic.
— Pour être en pleine forme,
il faut dormir la nuit et se lever de bonne heure,
c'est maman qui l'a dit! dit Noc.
— Allez, venez jouer avec nous! dit Nac.
Mais soudain, la maman chouette dit:
— Ne faites pas tant de bruit!
Nous, les chouettes, nous dormons le jour.
Si vous voulez jouer avec mes enfants, venez la nuit…

— Les petites chouettes dorment le jour ! raconte Nic.
— Et elles se réveillent la nuit ! ajoute Nac.
— Ce soir, après le dîner, nous pourrons sortir pour jouer avec elles ? demande Nic.

— Ah non alors! La nuit, chez les écureuils, c'est pour dormir! répond maman.
— Vous pourrez jouer demain toute la journée, si vous voulez, ajoute papa.

— Dormez vite, dit maman en éteignant la lumière.
Mais dès qu'elle est partie, les petits écureuils se mettent à chuchoter.
— Je n'ai pas sommeil, dit Nac.
— Et si nous allions chez les chouettes ? propose Nic.
— Ouais ! Bonne idée ! répond Noc.

Et c’est ainsi que les trois petits écureuils sortent dans la forêt en pleine nuit.
— Il y a la lune, on y voit assez! dit Nic.
— Il fait frais, c’est agréable la nuit! dit Nac.

Les petits écureuils trouvent les petites chouettes
en train de jouer à se balancer.
— Venez, ce n'est pas difficile!
— Ouais, moi aussi je veux essayer! dit Nac.
Nic, Nac, Noc et les petites chouettes sont tout de suite devenus amis.
C'est amusant de jouer avec de nouveaux amis!
Très vite, cependant…

— Eh ? Vous dormez déjà ?
— On commençait juste à s'amuser…
Les petites chouettes sont déçues.

C'est à ce moment-là que papa écureuil arrive.
— Ah, les voilà ! Ah là là, quels garnements…

— Oh mon Dieu, où étaient-ils passés ?
s'écrie maman affolée.

— C’est bien ce que je pensais,
ils étaient allés jouer chez les chouettes…

Le lendemain matin, les petits écureuils
ont encore plus de mal que d'habitude à se réveiller.
— Et plus question de sortir jouer la nuit ! gronde maman.
— Oui. Les chouettes peuvent rester éveillées toute la nuit,
mais nous, on a vite sommeil… dit Nac.
— Finalement, c'était vrai : la nuit, c'est pour dormir… dit Nic.

— Oh, qu'est-ce que vous fabriquez de beau ?
demande maman.
— Une boîte aux lettres pour les petites chouettes, dit Noc.

— Puisqu'on ne peut pas jouer ensemble,
on a eu l'idée de leur écrire une lettre, explique Nac.

POST

— Hi hi hi ! Ce soir, quand elles se réveilleront, quelle surprise !
— Tu crois qu'elles nous répondront ?